Dissertatio Medica De Animi Perturbationum VI Ad Generationem Morborum

Gregorio Garcia-Fernandez

In the interest of creating a more extensive selection of rare historical book reprints, we have chosen to reproduce this title even though it may possibly have occasional imperfections such as missing and blurred pages, missing text, poor pictures, markings, dark backgrounds and other reproduction issues beyond our control. Because this work is culturally important, we have made it available as a part of our commitment to protecting, preserving and promoting the world's literature. Thank you for your understanding.

DISSERTATIO MEDICA

DE

ANIMI PERTURBATIONUM

VI AD GENERATIONEM MORBORUM,

Quam, Deo duce, & auspice Dei-parâ, in Augustissimo Ludoviceo Medico Monspeliensi propugnavit

AUCTOR

Gregorius Garcia-Fernandez, Hispanus, Artium Liberalium Magister, & jamdudùm Medicinæ Studiosus, die vicesimâ septimâ Aprilis ann. 1773.

PRÆSIDE

R. R. D. D. PAULO-JOSEPHO BARTHEZ, Regis Consiliario & Medico, nec-non in inclyta Monspeliensi Medicinæ Universitate Cancellarii & Judicis Coadjutore.

Pro Baccalaureatus Gradu consequendo

MONSPELII,
Apud Augustinum-Franciscum Rochard, Regis & Universitatis Medicinæ, Typographum unicum.
M. DCC. LXXIII.

Cæterum omnes morbos à repletionibus deducere velle, methodumque curativam ad eas semper dirigere, uti multi consueverunt, à rei veritate summopere alienum puto. Multi, fateor, ob repletiones in morbos incidunt, sed multo plures ob Animi Pathemata, & potissimum si, aut Patres familias, aut rei familiaris cura distenti, aut in dignitate constituti fuerint, aut in aula vivant: quorum plurimi longè alia cogitant, quam stomachum crapula & ebrietatibus quotidie replere.

Bagl. Prax. Med. Lib. 1. Cap. 14.

ILLUSTRI ATQUE NOBILI VIRO

D. D.

BARTHOLOMÆO FERNANDEZ-ORTIZ

HISPANIARUM REGIS PHARMACOPŒO HONORARIO,

OLIM REGINÆ MATRIS PRIMARIO,

REGII PROTO-MEDICATUS IN PHARMACEUTICE EXAMINATORI,

COLLEGII PHARMACOPOLARUM MATRITENSIUM DIRECTORI,

REGIÆ ACADEMIÆ MATRITENSIS ET SOCIETATIS HISPALENSIS SOCIO &c,

MŒCENATI SUO ET AVUNCULO COLENDISSIMO.

AVUNCULE CARISSIME,

INgrati animi accusatione qui possem liberari, nisi Tuo sacro Nomini prodiret hæc Dissertatiuncula, quam solum prelo mandandi jam diu in animo habebam, ut tuam in me benevolentiam atque animi inductionem publice declararem? Tot enim & tanta in me contulisti beneficia, quorum numquam non gratus memini, ut iis recensendis immorari vetet eorumdem multitudo. Tuo jussu atque impensis, humanioribus litteris, Philosophia, Chemiæ ac Botanices principiis me imbutum fuisse gloriari mihi dulce ac decorum est. Huc accedit quod me in hanc Academiam percelebratam misisti, ut Medicinæ operam navem. Quocirca has lucubrationes, etsi levidense munusculum, sereno vultu accipias velim, in perpetuum grati animi specimen. Vale, mihique, ut facis, favere perge. Etiam atque etiam vale. Id medullitus exoptat,

AVUNCULE CARISSIME,

Deditissimus & humillimus
Servus & Sororis Filius,

G. Garcia - Fernandez

DISSERTATIO MEDICA

DE ANIMI PERTURBATIONUM
VI AD GENERATIONEM MORBORUM.

I.

A est Animi Perturbationum vis atque potentia ad œconomiam animalem conturbandam, ut non solum gravissimos morbos producere, eosque mirifice immutare, verum etiam citissimam mortem inferre deprehendantur. *Si quis morbus*, inquit eximius Baglivus (a) *durante animi passione, ægrum corripuerit, solet interdum tandiu durare, quandiu ipsa animi passio, & potius in alienæ speciei morbum mutabitur, quam ægrotantem liberum relinquet.* Hoc præcipue in muliere quadragenaria observavit, quæ ob gravissimas animi curas copioso sanguinis ab utero profluvio tentata fuit, à quo post varia remedia adhibita evasit: Sed eisdem animi motibus iterum vexata, in fluorem uterinum, nunc album, nunc variegatum incidit, quo suppresso, angores cordis, anxietates pectoris, extrema virium resolutio, lenta febris &c. supervenerunt, & tandem ad superos migravit.

Vehementes quoque animi passiones in causa sæpe sunt, ut morbi curatu faciles gravissimi evadant, ægrumque è medio tollant; quod ægrotantis vanæ mortis formidini, aut de recuperanda valetudine desperationi potius, quam morbi magnitudini tribuendum jure ac merito censetur.

Præterea, etsi verum est præsentissima venena nonnumquam vi ac celeritate nocendi ab Animi Perturbationibus superari, tamen morbos qui

---

(a) Prax. Med. lib. 1. cap. 14. §. IV.

nullo antea auxilio sanari potuerant, earum ope debellatos fuisse quamplurimis observationibus comprobatur; ut videre est apud Valeriolam, Horstium, Acta Haffniensia, & Naturæ Curiosorum, Amatum, & Zacutum Lusitanos, aliosque bene multos: quare Animi Perturbationes, non solum inter causas morborum, sed etiam inter instrumenta medendi, locum sibi vindicant.

Nonnulla de Animi Perturbationibus in genere tradere juvat, priusquam ad innumera mala, quæ ex illis pronascuntur, recensenda deveniamus.

I I.

Egregie & ingeniose admodum animadvertit Aristoteles (a) animi pathemata non soli animo, sed ipsi homini, quatenus ex corpore & anima conflatur, convenire.

Porro duplex animi affectuum genus distinguimus, alterum rationis particeps, alterum ejus expers. Quoniam vero animi affectiones, quæ rectæ rationi parent, inter causas morborum numerari nequeunt, hic tantum de motibus vehementioribus, quos recta ratio non moderatur, agemus, hi enim sunt, qui, ut ex definitione apparebit, Græcis *pàthe*, *pathémata*, latinis vero animi perturbationes affectus &c. audire consueverunt.

I I I.

Animi Perturbationes varie definiuntur. Zenoni Animi Perturbatio dicitur, aversa à recta ratione contra naturam animi commotio: Galeno motus non obtemperans rationi: aliis appetitus vehementior. Illustr. Gaubius (b) eam definit animi impetum majorem quam qui rectæ rationi conveniat, quo fertur in ea, quæ quod vel bona vel mala, vel insolita sint, saltem talia videantur, placent, displicent, aut percellunt.

I V.

Omnes Animi Perturbationes ex duobus bonis & duobus malis opinatis nasci censent Stoici, unde quatuor statuunt præcipuos Animi Affectus, ad quos tanquam ad summa genera, cæteros revocant. Ex quatuor hisce præcipuis affectibus primi, Lætitia nempe, & Libido, in

---

(a) Tò dè legein orgizesthai tèn psùchen, hòmoion cai eitis légoi tèn psùchen huphainein, è oicodomein. Bèlsion gar ìsos mè legein ten psuchen eleein, è manthanein, è dianoeisthai, allà ton anthropon te psuche. De Anim. lib. I. cap. 4.
(b) Instit. Pathol. §. 532.

bonorum præsentium & futurorum opinione versantur; alteri Metus, & Ægritudo, ex malorum præsentium pariter & futurorum existimatione oriuntur. Lætitia de bonis præsentibus: Libido de futuris dicitur. Metus de malis futuris: Ægritudo de præsentibus intelligi debet. (a)

V.

Animi passiones in delectabiles & dolorificas, seu quod eodem recidit, in lætas & tristes quidam Auctores dispescunt; quamobrem omnes affectus quotquot sunt, ad Gaudium, & Mœrorem reducunt. Denique ratione vehementiæ suæ cito transeuntis, aut tardæ sed continuatæ actionis, in acutas & chronicas, non minus commode quam ipsi morbi, nec dispari de causa, dividuntur.

VI.

Nullo igitur pacto explicare audemus, quonam modo animi perturbationes morbos producant, & quomodo corpus & anima in se invicem agant, hanc enim difficillimam quæstionem, quæ magna ingenia hactenus frustra exercuit, intactam relinquere, & ignorantiam nostram profiteri necessarium duximus. Hîc in primis locum habet illud Tullii (b) effatum: *rerum eventa magis arbitror, quam causas quæri oportere, nam & hoc sum contentus, quod etiamsi, quomodo quidque fiat, ignorem, quod fiat, intelligo.* Itaque nobis illud minime exprobrari potest quod de multis Medicis recte sibi philosophari videntibus dicit Galenus, qui rerum quæ manifeste conspiciuntur, causas reddere nequeuntes, eas esse omnino negant.

Interea tamen miram duplicis substantiæ, qua homo constat, sympathiam, sive consensum, quo efficitur, ut animo affecto, corpus simul afficiatur, & vice versa, certis legibus principio rerum sancitis, quæ non aliunde nisi à supremi Numinis voluntate ac decreto pendent, subjici omnes fere Philosophi asseverant. Has autem leges, quæ conjunctionis mentis & corporis dicuntur, nobis adhuc omnino ignotas esse fateamur necesse est.

VII.

His ita positis, nunc speciatim nobis agendum superest de Animi Affectibus, de eis præsertim, quos corpus nostrum valde alterare, &

(a) Vid. Cic. Quæst. Tuscul. lib. 3.
(b) De Divin. lib. 1.

morbos, ipsamque mortem inferre observatum fuit. Reliquos enim qui ex illis oriuntur, & quorum tractatio magis ad Ethicam, quam ad Medicinam spectat, Philosophis relinquimus. Haec autem pathemata sunt, *Amor*, *Ira*, *Metus*, *Laetitia*, & *Tristitia*, de quibus sigillatim dicemus.

VIII.

AMOR triplex distingui solet, Proprius, Sympathicus, & Venereus. Hic solummodo de Amore Venereo, sive reciproca attractione, si ita loqui fas est, qua vir & femina in mutuos amplexus feruntur, agere fert animus; nam haec amoris species, quae nullum caput fugit, ingentium malorum, praecipue si intra suos limites non contineatur, & Aliarum Perturbationum causa extat.

Morbis gravissimis amore flagrantes corripiuntur, Melancholia videlicet, quam Erotomaniam vocant, Mania, Marasmo, Febri lenta, Tabe dorsali, catameniorum Suppressione, Chlorosi, Hysterica Passione, Nymphomania &c. quorum plurimi interdum, adhibitis in cassum omne genus remediis, solo conjugio, & Nymphae concupitae suavibus complexibus sanitati mentis & corporis restituti fuerunt. Aretaeus narrat quemdam insanabiliter se habuisse, eo quod puellam deperiret, qui, Medicis nihil proficientibus, ab amore Medico prorsus sanatus est. Plures id genus observationes in Historia Medica habentur.

Cum vero Amor, ut paulo ante posui, cum aliis vehementissimis perturbationibus copuletur, Gaudio scilicet, Moerore, Metu, Ira Zelotypia, sive Obtrectatione, huc etiam pertinent omnia mala quae ab hujuscemodi affectibus provenire constat. Insania ex Zelotypia observata fuit. Vaterus (a) refert militem robustum & optime se habentem optatis diu virginis amplexibus fruiturum summo perfusum gaudio subito obiisse. Catoche etiam juvenem Britannum ex inopinata matrimonii repulsa detentum fuisse narrat Tulpius; (b) cui juveni cum altâ voce exclamatum fuisset, rem meliori esse loco, & cupitam habiturum amicam, modo ad se reverteretur, prosiliit confestim ex sedili, & quasi excitatus ex profundiori somno, rediit actutum ad se. Plurimos itidem repente sublatos fuisse ob amicae obitum aut repulsam, traditum est.

Quod ad philtra seu pocula amatoria olim valde decantata, & inter amoris causas numerari solita spectat, sciendum est philtri nomine
nihil

(a) Miscell. Cur. Dec. III. ann. 9. & 10. à Swieten tom. 3. pag. 467. citat.
(b) Observat. Med. lib. 1. cap. 22 pag. 43 & 44.

nihil aliud intelligi, nisi pharmacum amorem quomodocumque concilians, sive hoc in poculo, sive in cibo, aliterve exhiberetur.

Sed omnia pharmaca ex triplici naturæ regno deprompta, inefficacia atque amori mutuo conciliando inepta esse deprehenduntur, etsi ad venerem quandoque excitare queant. Id vero quod philtris adscribi solet, consuetudini, urbanitati, colloquiis, elegantiæ, pulchritudini, aliisque caussis amorem conciliantibus, tribuendum. Non possum quin referam illud accutissimum Philippi Macedonum Regis uxoris dictum, quæ puellam quam Philippus oculis ferebat, ad se adduci jussit, eoquod Regi philtron dedisse credebatur: quam cum forma, elegantia & morum suavitate præstantem conspiceret, posita omni de philtro suspicione, exclamasse fertur: *chairetosan diabolai, sù gar en seaute pharmaca echeis*: h. e. valeant calumniæ, tu enim in te ipsa pharmaca (philtra) habes. Idem judicium esto de incantationibus, fascinationibus, imaginibus, characteribus &c.

IX.

IRA non immerito ipsa peste truculentior dicitur, cum vastissima regna, amplissimas ditiones, & florentissimas respublicas atrocitate sua devastetur; hinc enim bella, duella &c. Hic animi affectus exoritur, ubi nobis aliqua infertur injuria, quo, quia nobis à Natura tributum fuit, ut conservationi nostræ invigilemus, ad ulciscendum & puniendum eum qui non jure videtur læsisse, cogimur. Wierus Iram definit: *appetitum profligandi objectum propter apparentem injuriam*: propter injuriam apparentem, inquit, quia non est injuria, quæ in eo vertitur, quod suum cuique non reddatur, semper quæ injuria esse videtur. Iræ subjiciuntur, Odium, Inimicitia, Contentio &c.

Iram vehementem & efferatam bene cum antiquissimo Poëta Ennio initium insaniæ dixeris, cum qua nihil recte nihil considerate fieri potest. Alii iram furorem brevem, parvam febrim, epilepsiam momentaneam, appellarunt.

Nunc vero expendenda sunt, quæ maxime in ipso Iræ paroxysmo notatu digna occurrunt. Galenus ait iræ pulsum esse magnum & vehementem. Wierus illum omnino varium, & semper inæqualem observavit, prout perpensiones apparentis injuriæ dominantur vel incremento, vel statu, vel diminutione, vel redintegratione. Respiratio concitatior, Sitis, Calor, & Tremor artuum in ira percitis notantur. Oculi iratorum sunt torvi, scintillantes, sanguine suffusi, nun fixi, nun varie mobiles. Facies inflatur, & rubet maxime in plethoricis & temperamento sanguineo præditis: fortius solito pulsant arteriæ capitis, maxime frontales: turgent & nigrescunt sanguine venæ, ita ut vena præparata quandoque ad minimi digiti crassitudinem accedat. Quidam ira excandescentes profuse & præcipitanter garriunt, quidquid in buccam venerit: quidam è converso silent, & non aliud exhibent iræ indicium, nisi quod labra, quæ nonnumquam livescunt, mordeant. Alii lingua hæsitant, ac eam quasi vinculo constrictam habere videntur.

Quatenus ad iræ effectus, missis iis omnibus, quæ ad morum indolem pertinent, quemnam igitur latet homines ab ira indui *in vultus ac terga ferarum*? In primis sciendum est ab iræ impetu quam maxime turbari circulatorium sanguinis humorumque motum, quem adaugeri constat ex phænomenis quæ Iræ accessum comitantur, & sequens comprobat observatio Hildani (a) qui ait: ramum sinistrum soporalis arteriæ desuper musculo crotaphita in homine quadragenario naturæ biliosæ & iracundo, continui solutionem ex vulnere capitis passum, ac deinde pene sanatum, iterum ruptum fuisse ex subita excandescentia; unde secuta fuit hæmorrhagia, quæ vix restingui potuit. Vehemens Iræ impetus lethalia quandoque sanguinis profluvia, in eis præsertim, qui hæmorrhagiis obnoxii sunt, excitavit, ut innumeris observationibus confirmatur. Ira quoque inter causas hæmophtoes recensetur. Phrenesin mortalem in puero quindecim annorum, cui caput vulneratum & cranium fractum erat, ex iræ affectu observavit Hildanus, (b) qui in cadavere post obitum aperto, menynges sive membranas cerebri undique inflammatas, & arterias & venas sanguine turgida deprehendit. Eapropter Chirurgi vulneratos admoneant, oportet, ut cane pejus & angue Iræ motus impetuosiores fugiant. Experientia etiam practica constat eos qui Ira vehementissima corripiuntur, non raro experiri periculosissimas inflammationes, Pleuritidem, Peripneumoniam, inflammationem Ventriculi, intestinorum, Erysipelas &c.

Diarrhæas quoque & vomitum biliosum * ad iram supervenire certum est. Hildanus (c) refert se matronam honestissimam cognovisse adeo à pharmacis abhorrentem, ut mannam, aut syrupum rosaceum vix potuerit sumere, quæ tali naturæ beneficio erat prædita, ut ex minima etiam animi perturbatione, præcipue ex ira, adeo alvus subduceretur, ac si pharmacum quantumvis efficax sumsisset. Riverius (d) Icterum &

(a) Obs. Chirurg. cent. 1. obs. 18.
(b) Ibid. cent. 1. obs. 17.
* Cave ne purgantia aut vomitoria post iræ accessum ad bilem evacuandam præscribas, nam purgantibus vel emeticis post graviorem iræ impetum exhibitis, omnia versa fuisse in pejus, & mortem acceleratam esse observatum fuit. Vid. Fr. Hoffmann Dissert. de Medicina emetica vel purganti post iram veneno.
(c) Annot. ad obs. 18. cent. 1.
(d) Obser. Med. cent. 2. obs. 9.

abortum in matrona Monspeliensi observavit, quæ ex occasione quadam domestica in iram vehementissimam concitata fuerat, à qua vomitum mane patiebatur cum dolore stomachi, symptomate iratis familiarissimo: alvus non erat adstricta, sed potius liquida & biliosa dejiciebat. Hæc Riverii aliorumque observatio solas animi affectiones morsum animantium, araneorum v. g. sciuri &c. quæ vulgo venenata habentur, comitantes, aurigini, quæ eorum veneno falso tribuitur, cum eo careant, (a) excitandæ aptas esse suadet. (b) In senibus & plethoricis apoplexiam ira non raro produxit. Galenus (c) refert juvenem quemdam epilepsia corripi, dum irascebatur. Catalepsim ex nimia ira pronatam fuisse narrat Dolæus. Febres ardentes, biliosæ, ephemeræ, tertianæ, nec-non viscerum primæ digestionis turbæ enormes, & fluidorum errores omnivarii, ut inquit Gaubius, (d) ex iræ impetu orta fuisse dicuntur. Mortem quoque ex nimia ira subsecutam fuisse testantur plurimi Historici & Medici fide-digni contra Galenum, qui ex ira neminem interiisse contendit, (e) quorum testimonia colligenda curavit Marcellus Donatus, (f) quæ brevitatis gratia missa libenter facimus.

X.

METUS definitur dolor quidam ac perturbatio ex opinione futuri cujusdam mali appropinquantis, nam, ut ait Aristoteles, (g) non omnia mala metuuntur, sed ea tantum, quæ molestias magnas afferre possunt, & hæc quæ non longe sed prope adparent, nam quæ longe admodum non metuentur. Ad Metum etiam pertinent Terror, Formido, Pavor &c.

In homnibus hac animi affectione perculsis, pallor & constrictio quædam totius corporis peripheriæ, papillarum nervearum cutis, & pilorum erectio, respirandi difficultas, cordis palpitatio, alvi atque urinæ egestio, scroti & testium contractio, à qua pendet involuntarium seminis profluvium, quod metu concitatis nonnumquam accidit, artuum & labri inferioris tremor, algor, sitis, ventris crepitus, & murmur, observantur. Excretionem insensilis transpirationis multo remissius fieri Sanctorius adnotavit.

(a) Sauvag. Differt. sur les Animaux venimeux de France.
(b) Idem Nosol. Method. t. 2. p. 587.
(c) De Loc. Affect. lib. 5. c. 6.
(d) Inst. Pathol. §. 542.
(e) De Sympt. cauf. lib. 2.
(f) Med. Hist. Mirab. lib. 3. cap. 13.
(g) Rhet. lib. 2. cap. 5.

Terrorem magnum in primis atque inopinatum malorum innumerabilium caufam extitiffe Hiftoria Medica perhibet. Morbo Comitiali nihil frequentius, quam vehementem & fubitum terrorem anfam præbere certiffimum eft, maxime fi jam diathefis epileptica exiftit. Multi equidem in epilepfiam, quæ deinde totum vitæ decurfum permanfit, eo inciderunt, quod vifo epileptico, vehementiffimo terrore perculfi effent. Quam ob rem jam ufus invaluit, idque merito, ut facies velo aut linteo cooperiatur, cum mirum in modum agitatis artubus quidam in templis aut viis concidit epilepticus, ne adftantes eo etiam morbo crudeliffimo corripiantur. Illud autem admiratione digniffimum eft quod refert Hildanus (a) de matrona quadam gravida profpera valetudine gaudenti, quæ valde perterrita fuit, dum epilepticus ad ipfius fere pedes concideret: infantem vero poft aliquos menfes faufte in lucem edidit, qui non longo poft tempore facro morbo detentus periit, antequam ætatis annum attigiffet; hæc poftea aliquot liberos fuftulit, qui huic morbo numquam fuerunt obnoxii. In hac obfervatione hoc miramur matrem quæ etfi terrore valido affecta, morbo tamen epileptico haud tentata fuit, infantem, qui forte primum paroxyfmum in utero ipfo terroris matris momento paffus eft, affectioni epilepticæ obnoxium peperiffe. Paroxyfmus epilepfiæ à fummo terrore provenientis ægrotantem etiam invadere confuevit, cum idea metus, qui morbo accafionem præbuerat, iterum animo effingitur. Cl. Swietenus (b) narrat puerum à cane magno infiliente ita terrore affectum fuiffe, ut paulo poft concideret epilepticus, ac paroxyfmum redire, dum canem majorem videret, vel & latrantem audiret. Hoffmannus (c) familiariffimum effe ait *infantes lactantes adhuc quando fugunt lac matris terrore affectæ incurrere in morbum epilecticum.* Febres intermittentes, Paralyfin, apoplexiam &c. ex terrore orta fuiffe clinici obfervarunt. Suppreffionem fluxus menftrui, quem fæpe terror refufcitavit, lochiorum, hæmorrhoidum, evacuationum criticarum, fi terror fuperveniat die critico, & purpuræ in febribus malignis, atque exanthematum in variolis & morbillis retropulfionem contigiffe memoriæ proditum eft. Fonticulos & ulcera antiqua à terrore magno cum periculo confolidata fuiffe, afthmate & colica convulfiva confecutis, fe fæpius atque iterum vidiffe teftatur idem Hoffmanus. (d) Mammarum pariter dolorem, in quibus aliquoties exfurgunt tubercula, quæ interdum in ulcera maligna vel carcinoma

---

(a) Obf. Chirurg. cent. 3. obf. 8.
(b) Comment. in Aphor. Boërhaav. vol. 3. pag. 415.
(c) Differt. de animo fanit. & morb. fabro.
(d) Differt. de rer. nocent. natura & virib. in corp. hum. &c.

ma mali moris mutantur, obfervatum fuiffe Practici afferunt. Baglivus (a) mulieres quamplurimas aborfum paffas fuiffe, & plures febre correptos è medio fublatos effe menfe Januarii ann. 1703: quo tempore Romæ fucceffit terræ-motus, morbumque manifefte exacerbari in eis qui tunc temporis ægrotabant, adnimadvertit. Quæ omnia terrori, quem terræ-motus Romæ infolitus incufit, jure adfcribuntur. Conftat etiam nihil magis morbis epidemicis & peftilentialibus viam pandere, & miafmatis aditum præbere, quam gravem terrorem, qui optime cum Pigræo peftis nutrimentum & pabulum appellari poteft; »audaciores enim, minus infeftantur, & correpti minus periclitantur.» (b) Sic obfervatur Peftis ingreffu plures eo morbo corripi atque interire, cum progreffu temporis impavidi redditi homines, non ita facile inficiuntur, aut fi inficiantur, faciliori negotio fanitati reftituuntur. Canitiem quoque ex fubito terrore ortam effe deprehenfum fuit. Petrus Mexia teftatur. D. Didacum Offorium à Rege Catholico incarcerari juffum, exiguo noctis fpatio totum canum evafiffe, cum adhuc adolefcens effet. Plura alia exempla videfis apud Marcellum Donatum. Terrorem itidem in caufa fuiffe, ut plures eo animi pathemate perierint, narrant Galenus, Valerius Maximus, & alii quamplurimi. Num quandoque de cœlo tactorum repentina mors ex fummo terrore, quem fulminis ftrepitus incutit, repetenda eft? Hoc fequenti Scheuchzeri obfervatione ftabiliri videtur, qui refert mulierem quamdam puerulum fuum geftantem, ex fulminis ictu occidiffe, cum tamen infans nihil inde mali accepiffet.

XI.

LÆTITIA eft animi affectus qui nafcitur ex poffeffione boni cujufdam, aut futuri boni poffeffionis opinione, & tunc proprie fpes dicitur. Hujus loci funt gaudium, delectatio, confolatio &c.

Primo omnium cum Sanctorio notare debemus lætitia atque animi confolatione tranfpirationem per totum corporis habitum liberrimam reddi, & corpora leviora fieri. Aliter res fe habet in reliquis animi affectibus qui lætitiæ adverfantur, fola excepta ira.

Gaudium & Lætitia, quæ mediocritatem illam tenent, quæ eft inter nimium & parum, cæteris animi affectibus anteferenda funt, nam *animus lætus bene afficit vultum*, & *læti animo funt convivium juge* h. e. apud eos qui læti funt animo, rectius eft, quam fi lauto cibo vefce-

---

(a) Prax. Med. lib. 1. cap. 14.
(b) Diemerbroeck de Pefte lib. 2. cap. 7.

rentur; ac denique *exultatio producit dies vitæ.* (a)

Licet hæc ita se habeant, tamen nullo pacto negari potest vehementissimos morbos à nimio gaudio generatos fuisse. Melancholiam etenim timore ac tristitia stipatam, ut vulgo fit, nimium gaudium consecutam fuisse in Historia Medica legitur. Verum quidem est plurimos in primis molles, debiles, & feminas mobiliores ex subito gaudio in Asphyxiam & Syncopem mortalem incidisse. Verosimillimum etiam videtur non nisi ex magno gaudio aliave vehementissima animi passione motus cordis voluntariam sufflaminationem & redintegrationem pendere, quam Cheyneus scribit observatam fuisse in Chiliarcho Townshend, qui vere asphytus & mortuo simillimus Medicorum examini se subjiciebat, nam usuvenit fortasse, ut qui motus vitales cohibere adlaborant, in se prius excitent vehemens quoddam animi pathema. Hoc exemplum memorabile ad statuendum animi in cor imperium nonnulli afferunt. Epilepsiam quoque à magno gaudio sæpe vidit Swietenus. Observatione quotidiana constat anorexia laborare, & placido somno privari eos qui improviso gaudio ex nuntio læto aut alia de causa afficiuntur. Ob lætitiam nimiam & maximum subitumque gaudium quamplurimos è vita discessisse nullus dubitandi locus est. Sic Diogenes Laertius (in vita Chilonis) ait Chilonem amplexum & osculatum filium, quod in Olympia coronatus esset, præ gaudio diem suum obiisse. Zeuxis pictor ille inclytus qui omnem industriam atque ingenium ad perfecte depingendam pulcherrimam Helenam adhibuerat; turpissimæ cujusdam vetulæ à se ad vivum delineatæ attentione, adeo lætitia affectus fuisse dicitur, ut ridendo extremum halitum efflarit. Galenus non diffitetur ex gaudio non paucos fuisse sublatos.

XII.

TRISTITIA definiri potest animi dolor qui proficiscitur ex privatione boni, aut ex præsentia mali cujusdam. Huc attinent Dolor, Luctus, Mœror, Invidentia, cujus effectus bene mehercule hoc versiculo comprehendit Horatius.

Invidus alterius macrescit rebus opimis.

In hac Animi Perturbatione pariter observantur pallor & frigiditas externarum corporis partium, & constrictio cutis spasmodica. Pulsus exilis ac lentus deprehenditur, appetitus prostratur, languescunt vires digestivæ, unde oris amarities, sitis circa horas matutinas, cruditates acidæ & nidorosæ, flatus & tensiones hypochondriorum: som-

---

(a) Ecclesiast. prov. cap. 15. v. 13. 15 &c.

nus fit turbulentus, & infensibilis tranfpiratio longe admodum imminuitur.

Morbos itidem procreavit triftitia, quæ, ut fapientiffimus omnium mortalium Salomon inquit »ita in viro nocet cordi, ficut tinea vefti-»mento & vermis ligno» Melancholiam, morbum Hypocondriacum, vifcerum Obftructiones, Diarrhæas, Febres malignas, ut obfervatum fuit in obfidione urbium &c. Febre etiam hectica eos abfumi quandoquidem obfervatur qui moerore detinentur, quod patria vel parentibus vel amicis orbentur, & fi moeror jam altis radicibus defigatur, vix ac ne vix quidem fanantur nifi reditu ad patrios lares, aut amicorum confuetudine. Ad calculorum generationem præfertim in cyftide fellea, & ad cachecticum corporis habitum inducendum hanc paffionem plurimum conferre Auctores fide-digni narrant. Colicam ftercoream apud Mulieres quæ invitæ in quibufdam Monafteriis Refugiis dictis commorantur, aliquoties obfervavit illuft. de Sauvages. (a) Icterum quoque à triftitia aut nuntio gravi ortum fuum habuiffe obfervatum fuit. Sunt autem qui caufam abortionis, cum gravidis alimento concupito frui non licet, animi perturbationibus adnumerant, iræ, præcipue, timori, ac triftitiæ. Sic fentiunt Saxonia, Augenius, Petrus Garcia, & Lemnius qui fic ait: »hujus non alia ratio excogitari poffe videtur quam »contracto moerore mulieris animo fpiritus vitales imminui atque »humores foetui alendo deftinatos alio averti, nec ad uterum deferri, »fic ut infans alimento quo illum mater explere voluit, deftitutus vel »elanguefcat vel emoriatur .... Quod fi, prægnans validæ fit naturæ »fuifque affectibus obfiftere norit ac mederi, non omnino extingui, »fed valetudinarium effe infantem contingit.» (b)

XIII.

Nunc reliquum eft, ut aliquid de Animi Perturbationum curatione adjiciamus. *Eft profecto*, inquit illuft. Kloekhoff, (c) *præcipua animi medicina, Philofophia: fed fola non eft..... Non raro Philofophus æger animo fi fanari vult, auxilium, ut in corporis morbis, illi petendum eft foris. Nonnumquam, ut animo rite medicina fiat, corpori fimul eft adhibenda curatio.* Idcirco Medicus qui ægro vehementiffimis animi motibus vexato mederi fufcepit, in primis fciat neceffe eft, an folus animus laboret, an corpus dumtaxat, an denique & corpus & animus fimul

---

(a) Claff. morbor. vol. 2. pag. 101.
(b) Vid. Reief. Elyf. quæft. Camp. quæft. L. 3. pag. 370. 371.
(c) Differt. de animi morb. ep. nunc.

afficiantur, ut par malo remedium adhiberi poffit. Certo certius eft Animi Perturbationes ut plurimum ex fola corporis difpofitione pendere. Sic perfpiratio impedita à quacumque caufa mœftitiam & timorem facit. (a) Melancholicos, Hypochondriacos, & eos qui nimio veneris ufu corporis vires labefactarunt, citra manifeftam, ut aiunt, occafionem, timore ac triftitia affici omnibus notum effe arbitror. Itaque duplex in curandis Perturbationibus inftituenda eft medicina, alia corporis, alia mentis: hæc ex Philofophia, quæ vitæ beate agendæ fcientia nuncupari poteft, & Theologia petenda eft: illam vero Medicus promittit, quæ varia eft pro ipfa morborum aut affectionum corporis varietate. Nam »triplici remediorum genere humanis »perturbationibus, ut ait Luifinus, (b) occurrere poffumus, quorum »quidem primum à Religione donatur; alterum à Morali Philofophia, »tertium ab Arte medendi.

Animi pathematis mancipati receptui canere debent ab omnibus cogitationibus, quibus inhærent, quod præftari poteft per longa itinera, peregrinationes, deambulationes prope maris littora, venationes, equitationes, quæ gratis objectis omni momento variatis nec laborem facientibus animum occupant, amicorum colloquia, fpectaculorum frequentationem, concentus mufices, quæ morborum incantatio dicitur, & quæ in hunc finem eft adhibenda, ut contrarii affectus oriantur. Oppofiti affectus excitamentum tamquam unicum remedium ad medendas animi paffiones à Sanctorio habitum fuit, fic enim loquitur: (c) *ira & fpes auferunt timorem, & lætitia mæftitiam; paffio enim animi non medicinis, fed alia paffione contraria fuperatur.* Somnus ad mentem ab ideis quibus pertinaciter affigitur, avocandam plurimum valet, qui ideo melancholicis tantopere commendatur, unde haud immerito requies animi falutatur, ut patet ex illo Senecæ in Tragœdia:

> Tuque ô domitor fomne malorum
> Requies animi, pars humanæ melior vitæ.

Verum integram & omnibus fuis numeris abfolutam curationem tradere, fupra vires & ab inftituto noftro alienum foret: hæc igitur fufficiant nobis, quibus tantum de Animi Perturbationibus, ut morborum caufis, quantum juvenilis audacia patitur, differere propofitum fuit.

(a) Sanctorius ftat. Medic. de Anim. affect. fect. 7. aph. 8.
(b) De compefcend. animi affect. per Moral. Phil. & Med. art. pag. 37 & 38.
(c) De Stat. Med. fect. 7. ap. 12.

FINIS.

DISPUTATURI

R.R. D.D. PROFESSORES REGII.

R. D. JOANNES - FRANCISCUS IMBERT, *Cancellarius & Judex.*

R. D. PAULUS - JOSEPHUS BARTHEZ, *Cancellarius & Judex.*

R. D. FRANCISCUS DE LAMURE, *Decanus.*

R. D. GABRIEL-FRANCISCUS VENEL.

R. D. CAROLUS LE ROY.

R. D. GASPAR - JOANNES RENÉ.

R. D. ANTONIUS GOUAN.

R. D. FRANCISCUS BROUSSOUNET.

ANTECESSORES REGII VETERANI.

R. D. HENRICUS HAGUENOT, *Decanus, Professor Emeritus.*

Printed by Libri Plureos GmbH in Hamburg, Germany